LES
IMPOTS EN TARENTAISE

SOUS L'ANCIEN RÉGIME

PAR

E.-L. BORREL,

architecte,

correspondant du ministère de l'Instruction publique.

ALBERTVILLE

IMPRIMERIE J.-M. HODOYER

1884

LES

IMPOTS EN TARENTAISE

SOUS L'ANCIEN RÉGIME

PAR

E.-L. BORREL,

architecte,

correspondant du ministère de l'Instruction publique.

ALBERTVILLE

IMPRIMERIE J.-M. HODOYER

1884

LES IMPOTS EN TARENTAISE,

SOUS L'ANCIEN RÉGIME

Les Sociétés savantes doivent avoir pour but la recherche et la réunion des matériaux destinés à l'histoire du pays, sans préoccupation de principes politiques ni de croyances religieuses.

L'histoire, comme les monuments, doit reposer sur des bases solides : le bon sol, pour elle, c'est la vérité.

L'erreur écrite fait souvent le tour du monde; elle subsiste, parfois, pendant des siècles et trompe non-seulement les masses ignorantes, mais même les savants qui, souvent, ayant confiance en l'auteur dont ils lisent l'œuvre, admettent, sans vérification, la véracité des faits décrits.

La plupart des erreurs historiques sont souvent écrites de bonne foi, certainement, mais elles n'en sont pas moins des erreurs, et celui qui les découvre doit se faire un devoir de les combattre.

Je me permets de relever l'erreur que j'ai lue dans l'intéressante étude sur la suzeraineté des archevêques de Tarentaise dans la vallée de Bozel, communiquée, il y a deux ans, par M. le curé Garin, au Congrès de Moûtiers.

Dans sa notice, notre honorable confrère dit : « La dîme elle même, contre laquelle nos modernes réformateurs élèvent tant de récriminations, était loin de peser sur le laboureur d'un poids aussi lourd que nos impôts actuels (1). »

Plus loin il ajoute : « Le 2 septembre 1664, l'archevêque passait un albergement perpétuel en faveur des habitants de Tincaves de toutes les dîmes dues à l'archevêché, moyennant une sence annuelle de 30 seytiers de blé, moitié seigle, moitié orge : ce qui constuerait un impôt d'environ 180 francs (2) de notre monnaie actuelle pour le quartier de Tincaves, qui paie certainement aujourd'hui cinq fois plus d'impôts (3).

D'après ces deux passages, M. Garin croit, sans doute, puisqu'il l'écrit, que la dime seule constituait tous les impôts que le laboureur alors avait à payer; il ne doit cependant pas ignorer qu'outre la dime sur les blés et autres grains, les archevêques de Tarentaise en percevaient une sur « les légumes, les vins, les agneaux; qu'ils touchaient des droits de « chastellenies, de greffes civils et ecclésiastiques, de curialités, d'alpéages, de plaicts, de laouds, de vends, d'obventions casuelles, de censes, de servis, de mainmortes, de chasse, de pêche, d'eaux, d'aunage, d'héminage, de leyde sur les bestiaux les jours de foire et de marché, et autres droits, et qu'ils recevaient les amendes assiésiales, extraordinaires et

(1) *Compte-rendu* de la quatrième session du Congrès des Sociétés savantes saovisiennes tenue à Moûtiers le 8 et le 9 août 1381, page 152

(2) Erreur : 30 seitiers font 240 bichets, à 2 fr., prix moyen = 480 francs.

(3) Id. page 152.

rurales, les sences sinodales, les écheutes et les langues (1). »

Il doit savoir aussi, qu'outre les redevances à l'archevêque, l'homme de la glèbe payait les droits de fiefs, les contributions royales et les impositions quelconques, tant personnelles, réelles que domiciliaires et mixtes, les quatre quartiers ordinaires et dons gratuits, la gabelle et la commutation du sel, et qu'il était astreint à des corvées innombrables.

A l'époque où remonte l'étude de notre honorable confrère, les impôts étaient, au contraire, bien plus lourds pour le laboureur qu'ils ne le sont aujourd'hui, malgré l'augmentation exceptionnelle que nous vaut la guerre terrible de 1870-71.

Nous allons faire une revue rapide des diverses charges qui écrasaient les populations rurales pendant l'ancien régime.

DIME.

La dîme sur les blés et autres grains, les légumes, les agneaux, le vin, etc., était, ainsi que les autres droits seigneuriaux, quelques-uns exceptés, vendue par l'archevêque de Tarentaise à des fermiers généraux, faisant rendre à leur marché le plus possible.

En 1692, « le quartier de l'église de Saint-Martin-de-Belleville, Châtelard et Montbérenger payaient 81 seitiers (2) de blé. » Le quartier de Saint-Marcel, même commune, a payé, en 1664, 64 seitiers. Celui

---

(1) Bail à ferme, par l'archevêque Milliet, du 25 mars 1664, Cartanes, notaire.

(2) Le seitier valait 124 litres.

de Villarenger, composé de 60 feux, a payé, en 1738, « trente-quatre seitiers blé — 70 litres par famille — moitié seigle et orge, le tout réduit en farine et rendu au palais de Mgr. » Le même quartier payait en outre, annuellement, « cinq paires de poulets pour la dîme des agneaux (1) »

La dîme du quartier de l'église des Allues était, en 1691, de 64 seitiers de blé; celle du Villard, de la même commune, de 30 seitiers; celle de Pralognan et du Planey, de 46 seitiers; celle de Villemartin, de 60 seitiers et 21 florins d'épingles pour une fois; celle de Notre-Dame-du-Pré, de 88 seitiers.

Le 24 mars 1601, le petit village de Saint Jacquemoz se racheta de la dîme du vin moyennant 70 seitiers (5040 litres) de vin rouge, rendus au Palais de Moûtiers, le jour de Saint-André, sans espoir de prétendre jamais aucun rabais (2). »

En 1793, la dime, pour le district de Moûtiers, arrivait à environ 20,000 bichets (3) (3100 hectolitres).

Le revenu en dimes du clergé de Tarentaise était, en 1790, de 53938 livres, et la valeur des dimes perçues par les laïques de 1891 livres. La population de la Tarentaise était, à cette époque, de 49315 habitants (4).

TAILLE.

La taillabilité, considérée alors comme une marque de servitude, soumettait à la corvée et à l'échute celui qui y était sujet.

---

(1) Archives municipales de Saint-Martin-de-Belleville.

(2) Minutes des notaires Cartanas et Moris et archives de l'évêché.

(3) Archives municipales de Moûtiers.

(4) Grillet, *Dictionnaire historique*, t. III, p. 405.

On pouvait dire de certaines populations de la Savoie, gémissant sous la servitude des seigneurs, ce que Platon disait des serfs : « Qu Dieu leur avait enlevé la moitié de l'esprit pour leur empêcher de connaître la misère de leur condition. »

Il y avait deux sortes de tailles royales : la *personnelle* et la *réelle*. La taille personnelle était une véritable capitation. La taille réelle était un impôt de répartition assis sur les biens. La taille personnelle ne pesait que sur les roturiers. Les nobles et les ecclésiastiques en étaient exempts (1). Il fallait deux reconnaissances séparées par un intervalle de dix jours au moins pour qu'un homme fut soumis à la taille personnelle; une seule suffisait pour l'astreindre à la taille réelle (2).

En Tarentaise et en Maurienne, les obligations étaient considérées comme des immeubles et payaient la taille réelle (3).

Indépendamment de la taille royale, il y avait encore la taille seigneuriale ou féodale, que les seigneurs prélevaient sur leurs vassaux. Cette taille était de deux espèces : la taille annuelle et la taille extraordinaire qui ne se levait que dans certaines circonstances. Mais les seigneurs, par leur avidité, multipliaient ces occasions de manière qu'il y eut des tailles sous toutes sortes de prétextes et de noms. L'hommage

---

(1) Gaspard Bailly, avocat au Sénat de Savoie, *Traités des laods, des servis et des taillables*, p. 179.

(2) Id. p 221-224.

(3) Id. p. 180.

lige n'imposait pas la taille; mais lorsqu'un homme était lige et taillable, il était sujet à l'échute et à la mainmorte.

La principale cause de l'écrasement du paysan pendant l'ancien régime, par l'impôt, fut l'édit de Charles-Emmanuel 1er, du 15 novembre 1605, ordonnant que « les seigneurs jouiraient du droit de prélection et seraient préférés à tous autres en l'achat de biens se mouvant de leurs fiefs, sans qu'ils puissent cependant céder ce droit à un autre. » Tous les fonds relevant de fiefs revenaient donc aux seigneurs, et comme leurs terres étaient exemptes de l'impôt royal, la totalité des tailles était répartie sur le peu de biens fonds détenus par le paysan, ce qui le ruinait complètement.

CORVÉES.

Dans les reconnaissances, les emphytéotes s'obligeaient souvent à des corvées que les commissaires appelaient, dans les premiers temps de la féodalité, *ad opus* et *magnum opus*, dont les premières furent nommées plus tard corvées à *bras* et les autres corvées à *bœufs*, journée de deux bœufs.

Les journées de corvées duraient du lever au coucher du soleil.

Il y avait deux sortes de corvées : les personnelles et les réelles. Les premières étaient imposées sur les personnes et les secondes sur les fonds.

Outre les redevances, les terres cédées aux emphytéotes devaient encore des corvées à bras et à bœufs (1).

Les serfs étaient corvéables à miséricorde.

REDEVANCES OU SERVIS.

Les redevances ou servis consistaient en blé, vin, légumes, noyaux et autres denrées ou en argent. Les seigneurs cédaient les arrérages des servis qui leur étaient dûs par leurs emphytéotes à leurs commissaires et autres agents. Ceux-ci réclamaient généralement les sences arriérées les années de disette et exigeaient qu'elles leurs fussent délivrées en nature, selon les stipulations du bail. Il était impossible, aux tenanciers, qui n'avaient pas même récolté de quoi vivre, de payer les servis arriérés. Ils ne pouvaient demander aucune diminution de redevances pour cause de stérilité ni de dommages causés aux récoltes ou aux terres, à moins de dévastation complète, par la guerre, des fruits et des revenus.

Les poursuites des agents des seigneurs ruinaient les paysans. Aussi un édit royal autorisa-t-il les emphytéotes à payer les arrérages en argent, au prix des denrées de l'année où la sence était exigible. Lorsque l'emphytéote restait trois ans sans payer au seigneur les redevances convenues, celui-ci avait le droit de le chasser de ses biens. Il profitait des améliorations apportées à ses terres par l'évincé et les louait plus cher à un nouvel emphytéote. Cette faculté fut aussi abrogée par l'édit d'Yoland du 3 juillet 1475.

---

1. Bailly, p. 132-133.

L'emphytéote surchargé de servis était obligé de mourir de faim sur les fonds qu'il tenait du seigneur, puisqu'il ne pouvait les quitter sans avoir payé préalablement tous les arrérages de ses redevances, ce qui lui était impossible (1).

MAINMORTABLE.

Le mainmortable était l'homme dont la main était morte pour lui, ne travaillant que pour un autre qui en tirait tout le profit. Il était soumis à la servitude personnelle et réelle et privé du droit de disposer de sa personne et de ses biens. Sa succession, lorsqu'il ne laissait pas d'enfants légitimes, passait à son seigneur.

Le mot mainmorte semble venir d'une coutume barbare qui consistait à couper la main droite au défunt qui ne laissait rien et qu'on offrait au seigneur comme marque de servile condition (2).

LODS.

Dans les premiers temps du régime féodal, l'emphytéote ne pouvait vendre les biens qu'il tenait en emphytéose sans le consentement du seigneur direct. Plus tard, il put aliéner ses propriétés sans l'autorisation du seigneur, mais en lui payant un droit appelé *laods*, égal, en Tarentaise, au sixième du prix de la

(1) Bailly, p. 97-120.
(2) Id. p. 192-193.

vente, bien qu'il ne fut que du cinquantième d'après le droit écrit (1).

Il y avait, en Savoie, trois espèces de lods : les lods proprement dits, le *plaid* et la *sufferte* (2).

Les lods étaient dûs pour toutes les ventes de biens tenus en emphytéose, même pour ceux vendus par subhastation.

Ils étaient en outre payés : pour les biens vendus sous grâce de réachat ; pour ceux donnés en paiement au seigneur ; pour achat de rentes ; pour contrat d'abergement ; pour contrat portant hypothèque, sauf l'hypothèque légale, mais après dix ans seulement ; pour cession de biens pour paiement d'un créancier ; pour la vente de plus value ; pour un fonds donné en compensation d'un autre dont l'emphytéote avait été évincé ; par le vendeur reprenant son bien pour cause de non-paiement par l'acquéreur.

Les échanges et les donations payaient le douzième de la valeur du fonds (3).

PLAID.

Le *plaid* était un droit équivalent, en Tarentaise, au sixième aussi de la valeur des biens féodaux tenus en emphytéose, payé au décès du seigneur du quel ils relevaient (4).

---

(1) Bailly, p. 2
(2) Id. p. 2-3.
(3) Id. p. 82-84.
(4) Id. p. 3.

SUFFERTE.

La *sufferte* était un droit payé par l'homme franc au seigneur qui lui vendait un fonds taillable. Ce droit n'était payé que par le premier acquéreur de ce fonds (1).

ECHUTE.

L'*échute* était le droit accordé aux seigneurs de succéder, dans certaines circonstances, à leurs mainmortables.

Généralement, les seigneurs étaient les héritiers de leurs mainmortables mourant sans enfants mâles ni codiviseurs, lors même qu'ils laissaient des ascendants, à moins qu'ils ne vécussent ensemble. La vie en commun, entre parents, empêchait l'échute. En Maurienne, cependant, le seigneur héritait malgré l'habitation commune.

Les enfants adoptifs n'empêchaient pas l'échute. Les enfants naturels reconnus au moment du mariage l'empêchaient.

En Savoie, la fille unique ne suivait pas la condition de son père; elle était libre; mais l'héritier de son père était le seigneur, tenu à lui payer seulement la légitime dont elle pouvait disposer à sa guise. Dans le Faucigny et le Chablais, la coutume, cependant, y était contraire : les filles y faisaient l'échute et l'empêchaient comme les mâles.

En Tarentaise, les seigneurs héritaient de leurs

1. Bailly, p. 4.

hommes-liges mourant *ab-intestat* et sans enfants. Lorsque les hommes-liges disposaient de leurs biens, ils devaient, sous peine de nullité de leur testament, faire un legs au seigneur qui avait en outre le droit de prendre le tiers des meubles du défunt.

Les frères et les sœurs vivant ensemble héritaient les uns des autres. Cependant, le seigneur héritait des biens acquis et possédés séparément par chacun d'eux (1).

Les communes n'étaient ni mainmortables ni taillables. Cependant, à Chamonix, les syndics renouvelaient solennellement au nom de la commune, le jour de la St-Michel, pendant la grand'messe, sur le seuil de la porte de l'église, la torche à la main, en présence du prêtre célébrant, du diacre et du sous-diacre, la profession servile et taillable en faveur du Chapitre, jusqu'à la troisième génération inclusivement (2).

Les religieux profès n'empêchaient pas l'échute des biens de leur père en faveur du seigneur, parce qu'ils étaient considérés comme morts au monde et ne pouvant hériter de leurs parents (3).

Lorsqu'un homme mainmortable mourait après son fils ayant laissé des enfants, ceux-ci empêchaient l'échute des biens de leur grand père. Le contraire avait lieu s'il ne restait que des enfants nés de sa

---

1. Bailly, p. 194-204.
2. Id. p. 205.
3. id. p. 213.

fille morte avant lui, attendu qu'ils étaient considérés comme faisant partie de la famille de son gendre et non de la sienne (1).

En Savoie, les taillables vivaient comme des hommes libres, vendant, achetant et accomplissant d'autres actes, mais ils mouraient serfs, ne pouvant disposer de leurs biens qu'en faveur de leurs enfants mâles et n'ayant le droit de ne faire que des legs pieux. Il ne leur était pas permis de faire une donation en faveur de leurs femmes ni de leur constituer un augment supérieur à celui consacré par la coutume (2).

SERFS.

Il y avait plusieurs espèces de serfs en Savoie. Dans les reconnaissances, les uns sont désignés corvéables à miséricorde et les autres exploitables à miséricorde aussi.

AFFRANCHISSEMEMT DES SERFS.

La liberté a été accordée aux serfs de la Savoie par plusieurs édits, entre-autres par ceux d'Emmanuel-Philibert des 25 octobre 1561, 23 janvier 1562 et 25 août 1565, et celui de Charles-Emmanuel du 20 mars 1582, mais à condition qu'ils paieraient pour leur affranchissement le prix exorbitant de 40 pour cent du montant de tous leurs avoirs, savoir : 20 pour

---

1. Bailly, p. 214-215.
2. id. p. 221 et suivantes.

cent pour l'affranchissement de leur personne et 20 pour cent pour l'affranchissement de leurs biens (1). L'on peut dire, avec raison, que la liberté n'a pas été donnée aux serfs, mais qu'elle leur a été vendue bien cher.

Non-seulement les serfs, mais tous les hommes taillables de corps et de biens durent acheter leur liberté à des prix très élevés, car les seigneurs augmentèrent beaucoup ceux fixés par les édits royaux (2).

Il y eut, pour plusieurs villes, entre-autres pour celles de Chambéry et d'Annecy, une exception à cette taxe inouïe, un privilège dont jouissaient déjà les citoyens de Moûtiers, consistant à ce qu'un taillable y demeurât un an et un jour pour acquérir sa liberté (3).

M. d'Avenel, dans une étude intitulée : *La taille sous Louis XIII*, dit que, sous le règne de ce roi, « la taille s'élevait par tête, en moyenne, à 7 livres 10 sous, somme très lourde pour un laboureur qui n'avait que 200 jours de travail par an. Aujourd'hui, la part contributive s'élève en impôt direct et par tête à 11 francs tout au plus. Les 7 livres 10 sous du temps de Louis XIII équivalent à 45 francs, c'est-à-dire, à quatre fois et demie plus. »

M. Taine écrit que, d'après les procès-verbaux des assemblées provinciales (1778-1787) « le total général du prélèvement de l'impôt direct royal, de la

---

1. Bailly, p. 257.
2. id. p. 257-260.
3. id. p. 263.

dîme ecclésiastique et des droits féodaux était de 81 francs 71 centimes sur 100 francs de revenu net. Restait au propriétaire taillable 18 francs 29 centimes (1). L'impôt direct seul prenait au taillable 53 francs. C'est à peu près cinq fois autant qu'aujourd'hui (2).

Sous l'ancien régime, les propriétaires taillables savoyards, pendant qu'ils furent sous la domination des rois de France, payèrent les mêmes impôts écrasants que les propriétaires taillables des autres provinces françaises.

En 1790, d'après le chanoine Grillet (3), la taille royale était de 128732 livres de Savoie pour la province de Tarentaise, lesquelles, multipliées par 2,53, multiple de la taille pour ses accessoires, la capitation, l'impôt des routes et autres. . . 325691 livres.

La dîme ecclésiastique de.	53938
La dîme laïque de.	1891
Les droits féodaux représentaient environ le montant des dîmes, soit . .	55829
Total . . .	437349 livres.

Lesquelles 437349 livres × 4, valeur de la livre en francs actuels, d'après le prix des denrées en 1790 (4), = 1,749,396 fr. qui, divisés par 49315 habitants à cette date = 35 francs 47 centimes par tête.

1. Origines de la France contemporaine, t. I, p. 542-543.
2. Id. p. 461.
3. Dictionnaire historique de la Savoie, t. III, p. 405
4. Archives municipales de Moûtiers.

En 1882, les contributions pour l'arrondissement de Moûtiers ont été (1) :

Foncière	310182f	44
Personnelle et mobilière.	47097	23
Portes et fenêtres	34542	69
Patentes	48182	75
Prestations	42045	»
Total.	482050	11

Lesquels 482,050 fr. 11 divisés par 34591 habitants en 1882 = 13 francs 93 centimes par tête, soit un peu plus de deux fois 1/2 moins qu'au moment de la Révolution.

Outre la taille, les impôts, la dime et les droits féodaux, il y avait, comme nous l'avons dit, les corvées à merci — dont nous n'avons pas porté en compte la valeur qui, certainement, dépassait de beaucoup celle des prestations actuelles — et une multitude de taxes, de redevances, de charges et de servitudes ; les lods et ventes, droit presque universel, qui était le prélèvement du sixième sur le prix de toute terre vendue ; le plaid, qui enlevait aussi le sixième de la valeur des fonds ; la sufferte ; le péage des ponts et des chemins ; les droits sur les denrées et les marchandises apportées aux foires et aux marchés ; ceux du four, du moulin et du pressoir, etc., etc. Ce sont bien là encore de véritables impôts, fonciers, mobiliers, personnels, de patente, de circulation, de mutation et de

1. Chiffres fournis par la Recette des finances et par l'Agence-voyère.

succession qui finissaient par ne pas laisser au paysan, gémissant sous une oppression excessive, assez de pain noir pour apaiser sa faim.

Les collecteurs étaient des gens sans pitié ni merci, recourant souvent à la perception forcée, brisant les portes et saisissant tout.

Le paysan était traité, selon le précepte du cardinal de Richelieu, comme une bête de somme à qui on mesure l'avoine, de peur qu'il ne soit trop fort et regimbe (1), « comme un mulet qui, étant accoutumé à la charge, se gâte plus par un long repos que par le travail. »

Le paiement de l'impôt, sous ses multiples formes, enlevait aux familles roturières jusqu'au nécessaire. Aujourd'hui, les contributions n'entament pas même le bien être, qui a remplacé l'effroyable misère de l'ancien régime, dû à la disparition des privilèges du clergé et de la noblesse, à l'affranchissement de l'homme de la glèbe et à sa participation au droit commun. Pendant l'ancien régime, les populations rurales ne recevaient rien en retour des impôts écrasants qu'elles payaient.

Aujourd'hui, l'Etat, le département et la commune leur en rendent une grande partie en prenant à leur charge presque tous les frais de l'enseignement primaire, ceux de construction des routes nationales et départementales et les chemins vicinaux, ceux d'installation des postes et des télégraphes, ceux de la police, de la guerre, etc., etc.

---

1. Taine, id, p. 455.

Des chiffres que nous venons d'exposer, il résulte que les habitants de la commune de Bozel, au lieu de payer aujourd'hui, comme le dit M. le curé Garin, cinq fois plus d'impôts que sous l'ancienne administration des archevêques de Tarentaise, versent dans la caisse du percepteur une somme totale, pour les contributions et les impôts, deux fois 1/2 moindre qu'en 1790, quatre fois 1/2 moins forte que vers le milieu du XVIIe siècle et plus de cinq fois plus faible qu'au XIVe siècle (1), et qu'ils n'ont, par conséquent, pas plus au point de vue des impôts qu'à celui de la liberté que leurs ancêtres ont si chèrement payée, à regretter l'ancien régime.

1. Au festin donné à Moûtiers par l'archevêque Jean IV en 1365, deux vaches coûtèrent 6 florins 7 deniers gros, trois porcs 36 sols et dix moutons un florin chacun. On y dépensa 4 setiers de froment (480 litres) trente un setiers de vin (2232 litres) et cent pièces de volailles. Besson, note, p. 213. Le florin valait à cette époque 12 sous de Savoie.

www.ingramcontent.com/pod-product-compliance
Ingram Content Group UK Ltd.
Pitfield, Milton Keynes, MK11 3LW, UK
UKHW021029220726
13924UKWH00001B/210